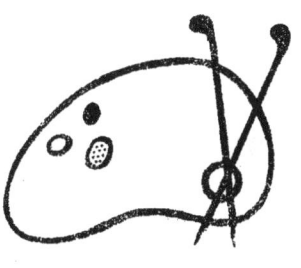

Original en couleur
NF Z 43-120-8

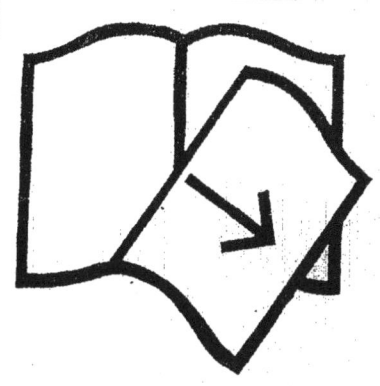

Couverture inférieure manquante

ÉTUDE
HISTORIQUE ET ARCHÉOLOGIQUE
SUR
LA NEF DE LA CATHÉDRALE
DU MANS

PAR

Eugène LEFÈVRE-PONTALIS

BIBLIOTHÉCAIRE DU COMITÉ DES TRAVAUX HISTORIQUES

MAMERS

G. FLEURY ET A. DANGIN, IMPRIMEURS-ÉDITEURS

—

1889

ÉTUDE
HISTORIQUE ET ARCHÉOLOGIQUE
SUR
LA NEF DE LA CATHÉDRALE
DU MANS

PAR

Eugène LEFÈVRE - PONTALIS

BIBLIOTHÉCAIRE DU COMITÉ DES TRAVAUX HISTORIQUES

MAMERS

G. FLEURY ET A. DANGIN, IMPRIMEURS-ÉDITEURS

—

1889

ETUDE HISTORIQUE ET ARCHÉOLOGIQUE

SUR

LA NEF DE LA CATHÉDRALE

DU MANS

Si la rareté des documents qui concernent l'histoire des grandes cathédrales de la France se fait trop souvent sentir, il n'en est heureusement pas de même pour la cathédrale du Mans. Les renseignements transmis par les chroniques sur sa construction sont aussi nombreux que précis et la date de ses dédicaces successives nous a été fidèlement conservée. L'exactitude de ces diverses mentions ne saurait être mise en doute, mais leur interprétation donne naissance à des problèmes très délicats, quand il s'agit de les appliquer à telle ou telle partie de l'église actuelle. C'est ce qui explique pourquoi les archéologues ne sont pas d'accord sur l'époque à laquelle il faut attribuer la nef, les bas-côtés et la façade de la cathédrale. Avant d'exposer notre opinion à ce sujet, il est indispensable de faire une étude complète sur les textes qui permettent de reconstituer l'histoire de la cathédrale du Mans pendant toute la période antérieure au XIIIe siècle.

Le premier édifice où le service divin fut célébré régulièrement dans la ville du Mans n'avait pas été construit pour recevoir une semblable destination. C'était une vaste salle où le gouverneur de la cité avait l'habitude de siéger au milieu de ses conseillers et qui faisait partie de son propre palais. Il s'empressa de la mettre à la disposition de saint Julien, après avoir été converti au christianisme par le premier apôtre du Maine (1). Grégoire de Tours nous a conservé le souvenir d'un fait analogue en racontant que la première église de Bourges se trouvait dans la demeure du gouverneur de la ville et qu'elle fut consacrée, au IIIe siècle, par saint Ursin (2). L'époque de la mission de saint Julien dans le Maine a donné lieu à de nombreuses controverses, mais comme nous n'avons pas l'intention de discuter ici les origines légendaires de l'église du Mans, nous croyons devoir la rapporter au IIIe siècle, en suivant l'opinion la plus accréditée encore aujourd'hui (3). Si cette question est destinée à n'être jamais éclaircie, on peut du moins essayer d'en résoudre une autre en recherchant quel devait être le plan de la salle transformée en église par saint Julien. M. l'abbé Persigan n'hésite pas à admettre qu'elle était bâtie sur le plan d'une basilique et qu'elle avait 174 pieds de longueur sur 74 pieds de largeur ; enfin il prétend qu'elle était divisée en trois nefs (4). Toutes ces hypothèses ne reposent sur aucune base sérieuse. En effet les plus belles salles des habitations gallo-romaines n'atteignaient jamais de semblables dimensions ; elles avaient toujours une forme carrée ou rectangulaire et n'étaient pas soutenues par deux

---

(1) Ipse autem princeps, nomine defensor, mox ut vidit venerabilem romanum episcopum, domnum videlicet Julianum, humiliavit se in conspectu ejus..... Jam dictus ergo domnus Julianus episcopus postulavit prædictum judicem ut daret ei domum in qua faceret ecclesiam... Quod et ipse princeps libenter fecit et suam domum in qua sedere solebat cum consulibus suis prædicto episcopo gratanter dedit. *Gesta episcoporum Cenomannensium*, apud Mabillon, *Vetera analecta*, p. 239.
(2) *Historia Francorum*, liv. I, ch. XXIX.
(3) Cf. *Bollandistes*. Juin, t. III, p. 859.
(4) *Recherches sur la cathédrale du Mans*, p. 26.

rangées de colonnes, comme les basiliques. S'il y avait au Mans, à l'époque de saint Julien, une construction analogue aux basiliques judiciaires de Rome, ce qui nous semble bien douteux, les édifices de ce genre étant inconnus en Gaule, le gouverneur n'aurait pas pu en disposer librement, parce qu'elle était affectée à un service public. En outre, cette salle n'aurait pas été située à l'intérieur de son palais. Quant à la question de savoir si ce gouverneur s'appelait en réalité *Défensor* ou s'il n'était pas plutôt le défenseur de la cité du Mans, chef suprême de l'administration des villes à l'époque gallo-romaine, elle n'a qu'un intérêt bien secondaire, puisqu'elle ne peut atténuer l'importance du fait dont nous venons de parler.

Dès que saint Julien eut pris possession du bâtiment qu'il se proposait d'affecter aux cérémonies du culte, il s'empressa d'y consacrer un autel en l'honneur de la sainte Vierge et de saint Pierre (1). Suivant un usage constamment observé depuis les premiers siècles de l'ère chrétienne, il le fit placer dans l'axe de la salle du côté de l'orient. La nouvelle église fut enrichie d'un grand nombre de reliques par saint Julien, mais on ignore le jour précis de sa dédicace. Il est très difficile de déterminer avec certitude l'emplacement où elle devait s'élever, néanmoins il est probable qu'elle occupait une partie du sol de la cathédrale actuelle. En effet, grâce à la précision des textes, on ne peut s'empêcher d'admettre que l'édifice consacré par saint Julien fut simplement remanié jusqu'au IXe siècle et qu'il fut l'objet de reconstructions partielles et successives depuis cette époque. Cependant, il nous semble prudent de ne pas imiter l'exemple de M. l'abbé Persigan qui a cru pouvoir

---

(1) In qua (domo) ipse altare constituens eamque una cum prædicto altari in honore sanctæ Dei genitricis Mariæ et sancti Petri principis apostolorum solemniter sacravit et reliquias eorum in ea posuit. *Gesta sancti Juliani*, apud Mabillon, *Vetera analecta*, p. 239.

retrouver, dans l'église actuelle, la place de l'autel consacré par saint Julien (1).

Si la date de la mort de saint Julien est tout aussi incertaine que celle de son arrivée dans le Maine, on sait du moins qu'il ne fut pas enterré dans la première cathédrale du Mans. Son corps fut enseveli dans un oratoire bâti sur la rive droite de la Sarthe, sous le vocable des saints apôtres, à l'endroit où s'élève aujourd'hui l'église Notre-Dame du Pré (2). Saint Turribe, saint Pavace et saint Liboire qui devinrent évêques du Mans après la mort de saint Julien continuèrent à célébrer le service divin dans la salle transformée en église par leur illustre prédécesseur. Saint Victeur, successeur de saint Liboire, nommé évêque en 422, résolut d'agrandir et de restaurer cette cathédrale primitive, mais la mort l'empêcha de mener ses projets à bonne fin (3). On ignore quelle était la nature des travaux qu'il avait pu faire exécuter de son vivant (4). L'un de ses successeurs, saint Innocent, qui occupa le siège épiscopal du Mans de 533 à 557, entreprit dans l'édifice des remaniements très importants. Il agrandit l'église du côté de l'orient à partir de l'arc triomphal, c'est-à-dire qu'il dut construire une nouvelle abside. Non content d'avoir augmenté la surface du chœur, il établit un transept et transporta dans le croisillon nord l'unique autel dédié à la Vierge par saint Julien. Un autre autel consacré à saint Pierre fut installé

---

(1) *Recherches sur la cathédrale du Mans*, p. 25.

(2) Sepultus est ultra fluvium Sartæ in ecclesia quam sui discipuli ad sepeliendum eum præparaverunt. *Gesta sancti Juliani*, apud Mabillon, *Vetera analecta*, p. 241.

(3) Quam ecclesiam et antea jam dictus domnus sanctus Victurius immajorare et restaurare cœperat, tamen imperfectam appropinquante ejus termino, reliquerat. *Gesta sancti Innocentis*, apud Mabillon, *Vetera analecta*, p. 245.

(4) Dans ses *Recherches sur la cathédrale du Mans*, p. 35, M. l'abbé Persigan est d'avis que saint Victeur fit construire le croisillon nord du transept de la cathédrale primitive. C'est une supposition qui n'est appuyée sur aucun texte.

dans le croisillon méridional. La partie occidentale du monument devint dès lors une véritable nef et saint Innocent fit donner à ses murs une plus grande élévation. Enfin après avoir solennellement déposé dans le maître autel des reliques de saint Gervais et de saint Protais, il décida que ces deux martyrs seraient considérés comme les patrons de la cathédrale (1).

Depuis la mort de saint Innocent, arrivée en 557, jusqu'à la consécration de saint Aldric en 832, l'ancienne cathédrale du Mans ne fut l'objet d'aucun remaniement. Elle se trouvait même dans un état de dégradation assez lamentable au commencement du IXe siècle, par suite de l'incurie de quelques prélats, quand l'évêque Francon, contemporain de Charlemagne fit exécuter quelques travaux de réparation dont la nécessité se faisait vivement sentir (2). L'un de ses successeurs, saint Aldric, entreprit une véritable reconstruction de la cathédrale bâtie par saint Innocent, qui était devenue trop étroite pour contenir la foule des fidèles. Il commença par jeter les fondations d'une nouvelle abside dont le chevet ne devait pas dépasser le milieu du chœur actuel. En effet, les substructions de l'enceinte gallo-romaine de la ville se trouvent sous le pavé de l'église en cet endroit.

(1) Præfatus igitur domnus et sanctus Innocens memoratam matrem et civitatis ecclesiam supradicto prætextu ab arcu qui in medio apparet in orientali parte immajoravit et reliquam partem occidentalem ipsius ecclesiæ, quam dudum sanctus Julianus sacraverat exaltavit, et in orientali parte quæ a prædicto arcu surgit, altare fecit in quo jam dictas reliquias sancti Gervasii et Protasii honorifice collocavit. Et in sinistra parte ipsius ecclesiæ et prædicti arcus in quodam membro ecclesiæ ipsius altare sanctæ Mariæ quod antea a beato Juliano in media ecclesia, in orientali parte constructum atque sacratum fuerat decenter mutavit..... In dextera vero ipsius ecclesiæ et arcus parte, in quodam membro ipsius matris ecclesiæ ab eo constructo et à novo fundato, altare in honore sancti Petri posuit et reconciliavit. *Gesta sancti Innocentis*, apud Mabillon, *Vetera analecta*, p. 245.

(2) (Franco) videns ipsius urbis matrem et seniorem ecclesiam pene destructam atque dissipatam. *Gesta Franconis*, apud Mabillon, *Vetera analecta*, p. 291.

Comme la partie des anciennes fortifications du Mans située derrière la cathédrale ne fut démolie qu'en 1217 pour faciliter la construction du vaste chœur gothique, il est évident que le sanctuaire bâti par saint Aldric n'était pas très étendu. Le nouveau chevet était entouré d'un déambulatoire dont l'existence est intéressante à signaler dans une église du IXe siècle. Le maître-autel était surmonté d'un ciborium où saint Aldric déposa les corps de saint Julien, de saint Turribe, de saint Pavace et de saint Romain. Le 21 novembre 834, il consacra l'autel du sanctuaire et les cinq autels du déambulatoire (1). Deux ans lui avaient donc suffi pour mener à bonne fin la reconstruction du chevet de l'église. Saint Aldric entreprit également de rebâtir la nef que saint Innocent s'était contenté de surélever. Grâce à lui, la cathédrale fut pourvue de plusieurs clochers qui renfermaient une sonnerie de douze cloches (2). Il célébra une nouvelle consécration de la nef le 21 juin 835, le souvenir de la dédicace faite par saint Julien s'étant complètement effacé de la mémoire des fidèles (3). Du reste les travaux importants entrepris par saint Aldric avaient dû faire disparaître les derniers débris des constructions primitives. La nouvelle cathédrale n'était pas cependant com-

---

(1) Præscripto videlicet anno (834) incarnationis domini nostri Jesu Christi, XI quoque kalendarum Decembris die, solemniter consecravit jam dictus Aldricus pontifex absidam matris et senioris civitatis ecclesiæ quam a novo fundavit et mirabiliter ornavit........ Deambulatoria siquidem sursum per totum in circuitu ipsius ecclesiæ fecit in quibus et altaria quinque nobiliter construxit atque sacravit. *Gesta sancti Aldrici*, apud Baluze, *Miscellanea historica*, t. I, p. 81.

(2) In præfata ecclesia duodecim signa ex metallo optimo fundere et formare studuit et decenter in clocariis collocavit. *Ibid.*

(3) Antedictus igitur Aldricus Cenomannicæ præfatæ urbis episcopus anno incarnationis domini nostri Jesu Christi DCCCXXV et anno imperii piissimi Hludovici imperatoris XXIII, anno siquidem ordinationis suæ tertio, indictione XIV, undecimo vero kalendarum Juliarum die, solemniter consecravit occidentalem partem sæpedictæ matris et Cenomannicæ civitatis senioris ecclesiæ quam a novo fundavit. *Ibid.*, p. 82.

plètement terminée puisqu'en 840, au moment où l'évêque dut fuir l'invasion des Normands, on travaillait encore à la décoration de la façade et du parvis. Saint Aldric mourut en 856, sans avoir pu effacer la trace du passage des envahisseurs. Son successeur Robert fut témoin du pillage et de l'incendie de la cathédrale par les Normands qui ravagèrent le Maine et l'Anjou vers 865. Dès que ces hordes barbares se furent retirées, il se mit à l'œuvre pour restaurer l'édifice. Les flammes avaient dû épargner des parties importantes de la nef et du chœur, car l'évêque Robert s'adressa au pape Nicolas Ier pour savoir s'il était nécessaire de procéder à une nouvelle consécration, après l'achèvement des travaux. Sur la réponse affirmative du souverain pontife qui lui fit parvenir des reliques de saint Gervais, de saint Protais et de saint Ambroise, il célébra cette cérémonie au milieu d'une nombreuse assistance (1). Mais la cathédrale du Mans devait encore subir d'autres épreuves. Un an après l'installation de l'évêque Gontier, en 893, Rotgaire s'empara de la ville, livra l'église au pillage et dépouilla le maître-autel de sa riche clôture (2). L'évêque Mainard, qui occupa le siège du Mans de 940 à 960, réconcilia la cathédrale le jour de la fête de saint Sylvestre et enrichit le maître autel d'un panneau en argent destiné à protéger les reliques qu'il renfermait (3).

(1) Præterea sciendum est quod ipse (Robertus) matrem ecclesiam a paganis incensam, diligenti studio renovavit et ex consilio Romani antistitis jam denuo celeberrime consecravit. *Gesta Roberti,* apud Mabillon, *Vetera analecta,* p. 300.

(2) Omnia quæ in ipsa ecclesia inclusa ob refugium omiseramus diripuit ac devastavit (Rotgarius) : vinum quoque et muratum juxta altare positum, nullum Deo et sanctis ejus ibi in honorem, violenter abstulit. *Gesta Gunherii,* apud Mabillon, *Vetera analecta,* p. 302.

(3) Ecclesiam vero matrem die festivitatis sancti Sylvestri confessoris dedicavit atque ornamentis variis decoravit. Tabulam namque argenteam ante altare sanctorum Gervasii et Protasii positam ex novo fabricari constituit. *Gesta Mainardi,* apud Mabillon, *Vetera analecta,* p. 303.

Lorsque Vulgrin fut nommé à l'évêché du Mans, en 1055, il passait pour un habile architecte, car il venait de reconstruire le monastère de Saint-Serge d'Angers. En arrivant au Mans, il dut trouver que la cathédrale bâtie par saint Aldric menaçait ruine, malgré les réparations dont elle avait été l'objet sous l'épiscopat de Robert. En effet, dès l'année 1060, Vulgrin jeta les fondements d'un nouveau chœur plus vaste que le précédent et il entreprit de refaire le transept, mais il mourut en 1064 en laissant son œuvre inachevée (1). L'évêque Arnaud qui fut évêque du Mans de 1067 à 1082, s'apprêtait à terminer le sanctuaire, quand un grave accident anéantit toutes les constructions élevées par son prédécesseur. Vulgrin avait conduit avec trop de précipitation les travaux du chevet de la cathédrale sans attacher assez d'importance à la solidité des fondations et au choix des matériaux. Il est probable que l'évêque architecte avait également donné une trop grande élévation à l'abside, car trois ans après sa mort, d'innombrables crevasses apparurent le long des murs du monument.

Pour en prévenir la ruine au moyen d'une reprise en sous-œuvre, Arnaud fit vainement étayer les parties les plus menaçantes, mais le chœur s'écroula tout à coup pendant une nuit avec un bruit terrible. Un grand arc placé au-dessus de la confession où reposait le corps de saint Julien resta seul debout avec un fragment de la toiture (2). Les

(1) Quinto namque ordinationis suæ anno fundamenta matris ecclesiæ ampliora quam fuerant inchoavit (Vulgrinus), sed morte inopina superveniente perficere non potuit. *Gesta Vulgrini*, apud Mabillon, *Vetera analecta*, p. 307.

(2) Cum aliquo tempore in pontificali cathedra resedisset (Arnaldus) fabrica novæ ecclesiæ quam præsul Vulgrinus inchoaverat fundamentorum mobilitate atque lapidum mobilitate corrupta, innumera crepidine ruinam sui cœpit terribiliter minitari, quam dum artifices fulcire conantur repentino fragore nocturno tempore collapsa est. Erat autem ipsius fabricæ arcus maximus super loculum in quo beatissimi Juliani corpus quiescebat exstructus, hinc atque inde pyramidibus ingenti altitudine collocatis. Ibi itaque sanctissimi confessoris virtus indubitanter enituit, dum tantæ molis machina subito corruente, ita basilicæ

fidèles attribuèrent à la protection du saint la conservation de cette partie du sanctuaire, mais nous n'hésitons pas à croire qu'elle fut simplement préservée de la ruine par les deux piles très épaisses qui la contrebutaient. L'évêque Arnaud se mit aussitôt à l'œuvre pour réparer ce désastre. Il commença par déblayer les fondations en faisant disparaître les derniers débris du chevet qui venait de s'effondrer. Le chœur, le transept et les deux clochers latéraux furent rebâtis avec des pierres de meilleure qualité sur une base plus résistante (1). Le nouveau sanctuaire devait offrir une certaine ressemblance avec celui des églises de Notre-Dame du Pré et de la Couture du Mans, mais ses proportions avaient sans aucun doute beaucoup plus d'ampleur. Arnaud ne vit pas l'achèvement de l'œuvre qu'il avait entreprise : il mourut au moment où les ouvriers venaient de poser la toiture de l'abside. Hoël qui lui succéda en 1082, continua rapidement la construction des deux tours et du transept, tandis qu'il faisait terminer les murs des bas-côtés et du déambulatoire. Il s'occupa également du pavage du chœur et de la pose des vitraux. Les murs et les colonnes de la cathédrale furent ornés de peintures variées et les autels furent renouvelés (2). Enfin le 17 octobre 1093, Hoël

ipsius tectum quo sancti membra tegebantur integrum atque incolume permaneret. *Gesta Arnaldi*, apud Mabillon, *Vetera analecta*, p. 307.

(1) Inde jam dictus episcopus, totam operis fabricam usque ad ima fundamenta destruens, denuo ipsam ecclesiam fundamento firmiori et solidiori lapide construere cœpit et parti superiori quæ vulgo cancellum nominatur etiam tectum imposuit, membrorum quoque quæ cruces vocantur atque turrium solidissima fundamenta antequam moreretur instituens. *Ibid.*, p. 307.

(2) Continuo namque fabricam novæ ecclesiæ in qua antecessores ejus multo tempore laboraverant tanto studio agressus est consummare (Hoellus) ut cruces atque turres quarum antecessor ipsius fecerat fundamenta, brevi tempore ad effectum perduxit, eisque celeriter culmen imponens exteriores etiam parietes, quos alas vocant, per circuitum consummavit. Sed et cancellum quod antecessor ejus construxerat pavimento decoravit et cælo, vitreas quoque per ipsum cancellum disponens. *Gesta Hoëlli*, apud Mabillon, *Vetera analecta*, p. 309.

inaugura solennellement le nouveau sanctuaire en y transférant les reliques de saint Julien qui avaient dû être déplacées pendant la durée des travaux (1).

Quatre ans plus tard, en 1097, un évêque éminent était appelé à gouverner le diocèse, c'était Hildebert. Il eut d'abord à lutter contre les exigences du roi d'Angleterre Henri Ier qui lui demanda de démolir les deux clochers latéraux de la cathédrale parce que leur hauteur avait permis aux habitants de les utiliser comme tours de défense pendant le siège de la ville (2). C'est en vain qu'Hilbebert se rendit en Angleterre pour implorer le roi en faveur de son église, il fut obligé d'obéir à ses ordres et de faire raser les tours bâties par l'évêque Arnaud à chaque extrémité du transept. Quelque temps après la destruction de ces deux clochers qui eut lieu dans les premières années du XIIe siècle, Hildebert fit un voyage en Italie et en Sicile. A son retour, vers 1110, il conçut le projet de continuer la reconstruction de la cathédrale. Geoffroy, abbé de la Trinité de Vendôme, lui prêta un de ses moines, nommé Jean, qui passait pour un excellent architecte. Hildebert fut si satisfait de ses services qu'il ne voulut pas consentir à le renvoyer à Vendôme, quand l'époque fixée pour son retour à l'abbaye arriva. C'est en vain que Geoffroy se mit à réclamer avec instance son architecte, l'évêque du Mans ne répondit à aucune de ses injonctions (3) et le moine Jean resta auprès

---

(1) Translatum est autem corpus sanctissimum beati Juliani et aliorum sanctorum reliquiæ in eamdem basilicam XVI kalendas novembris anno ab incarnatione Domini millesimo XCIII, ordinationis autem ejusdem episcopi VIII, in qua videlicet die, si Deus sibi vitam concederet, ipsam basilicam statuerat dedicare. *Ibid.*, p. 312.

(2) Unde Hildebertum rex suspectum habens instanter atque pertinaciter ab eo exigebat ut ant turres ecclesiæ suæ, unde sibi damnum illatum fuisse quærebatur, dirui præciperet.... Verumtamen Hildebertus de regis offensione periculum et de turris destructione sibi et ecclesiæ suæ imminere grande prævidebat opprobrium. *Gesta Hildeberti*, apud Mabillon, *Vetera analecta*, p. 314.

(3) Joannem cæmentarium esse monachum ecclesiæ nostræ et ab ipsa ecclesia sæpius per inobedientiam recessisse firmissime scitis et

d'Hildebert malgré la sentence d'excommunication lancée contre lui (1). Au moment où il fut chargé de diriger les travaux de la cathédrale, le chœur bâti par l'évêque Arnaud et le transept terminé par Hoël n'avaient pas besoin d'être restaurés, mais il n'en était pas de même de la nef. En effet, cette partie de l'église construite par saint Aldric vers l'année 835 et réparée par l'évêque Robert après l'invasion normande, n'avait été l'objet d'aucun remaniement depuis la fin du IXe siècle. L'évêque Hoël s'était contenté de raccorder le nouveau transept à l'ancienne nef au moyen de deux travées dont les arcades sont encore intactes aujourd'hui.

Hildebert reconnut la nécessité de rebâtir entièrement le vaisseau central de la cathédrale, afin que son style fut en rapport avec les progrès accomplis par l'architecture au commencement du XIIe siècle. Le moine Jean se mit à l'œuvre sous sa direction : il fit élever une nouvelle nef pour remplacer les travées qui remontaient au temps de saint Aldric, mais il n'hésita pas à conserver le mur extérieur des bas-côtés. Enfin nous croyons pouvoir lui attribuer la construction de la façade, en nous réservant d'exposer plus loin les raisons archéologiques qui justifient cette assertion. Hildebert n'attendit pas le complet achèvement des travaux de la cathédrale pour en célébrer la dédicace (2). Cette cérémonie eut lieu à la fin du mois d'avril de l'année 1120, en présence de deux archevêques et de deux évêques qui

---

nullatenus dubitatis. Eum tamen contra suæ professionis fidem et nostram voluntatem diu retinuistis et adhuc retinetis vestræ oblitus promissionis. *Goffridi abbatis Vindocinencis epistolæ, opuscula, sermones.* lib. III, epist. XXV. Ed. Sirmond, p. 133.

(1) *Ibid.*, lib. III, epist. XXVI, XXIX et XXX, p. 139, 142 et 143.

(2) Hildebertus autem opus ecclesiæ quod per longa tempora protractum fuerat, suo tempore insistens consummare, dedicationem ultra quam res exposcebat accelerans, multa inibi necessaria inexpleta præteriit. *Gesta Hildeberti*, apud Mabillon, *Vetera analecta*, p. 317.

consacrèrent chacun un autel différent (1). L'autel dédié par Hildebert à la sainte Vierge était placé dans une crypte qui devait s'étendre sous le sanctuaire (2). Si l'existence de cette crypte ne saurait être mise en doute, on ignore malheureusement l'époque de sa construction. Il est néanmoins probable qu'elle était contemporaine du chœur bâti par l'évêque Vulgrin au milieu du XIe siècle. Orderic Vital dit avec raison qu'Hildebert compléta l'œuvre commencée par Hoël (3). La cathédrale du Mans avait été reconstruite de fond en comble en un demi-siècle, grâce aux efforts de quatre évêques, Vulgrin, Arnaud, Hoël et Hildebert. L'élégance de son style et la clarté de sa nef lui faisaient occuper le premier rang parmi les édifices religieux élevés dans la région à la même époque (4).

En 1125, Hildebert fut nommé archevêque de Tours et Guy d'Etampes lui succéda l'année suivante. Il fut témoin d'un terrible incendie qui ravagea toute la ville du Mans le 3 septembre 1134 (5). La cathédrale ne fut pas épargnée par les flammes et la châsse de saint Julien dut être transportée

---

(1) Anno plane Domini millesimo cxx, in octabis Paschæ, die scilicet majoris letaniæ, consecravit eam in honore et nomine sanctæ et gloriosæ semperque virginis Mariæ et beatorum martyrum Gervasii et Protasii et piissimi confessoris Juliani. *Ibid.*, p 317.

(2) Noster sane Hildebertus consecravit altare quod est in superiori et digniori crypta in honore et nomine sanctæ et gloriosæ semperque virginis Mariæ et omnium sanctorum. *Ibid.*, p. 318.

(3) Basilicam vero episcopii quam prædecessor ejus inchoaverat consummavit et cum ingenti populorum tripudio veneranter dedicavit. Orderic Vital, *Historia ecclesiastica*, lib. IV. Ed. Le Prévost, t. II, p. 250.

(4) Ipsa enim tam venustate sui quam claritate tunc temporis vicinis et remotis excellebat ecclesiis. *Gesta Guidonis*, apud Mabillon, *Vetera analecta*, p. 323.

(5) Anno quoque Domini millesimo centesimo xxxIII, luna xIII, III nonas septembris, VIII ordinationis Guidonis..... tota Cenomannensis civitas, cum omnibus ecclesiis quæ intra muros continebantur, evanuit in favillas. *Ibid.*, p. 322.

en toute hâte dans l'église de Saint-Vincent (1). Guy d'Etampes, n'ayant pas les ressources nécessaires pour réparer ce désastre, fit recouvrir l'édifice d'un toit en chaume et déposa les reliques de saint Julien sous un petit édicule en bois élevé dans le croisillon méridional (2). Son successeur, Hugues de Saint-Calais, qui occupa le siège du Mans de 1136 à 1143, eut le malheur de voir sa cathédrale dévastée une seconde fois par le feu. La toiture en chaume fut détruite, les fenêtres, les vitraux et les statues qui ornaient les parties hautes du monument furent gravement endommagées (3). Les fidèles effrayés n'eurent que le temps de retirer la châsse de saint Julien pour en confier la garde aux moines du prieuré de Saint-Victeur. Ce nouvel incendie dut exercer ses principaux ravages dans la nef, car l'édicule en planches destiné à protéger le reliquaire de saint Julien ne devint pas la proie des flammes. Hugues de Saint-Calais se mit courageusement à l'œuvre et s'efforça de faire disparaître en partie les traces de l'incendie. Le 17 octobre 1137, il invita l'archevêque de Tours et les évêques d'Angers, de Rennes et d'Alet à venir présider la cérémonie de la translation des reliques de saint Julien dans la cathédrale (4). La restauration entreprise par Hugues de Saint-Calais avait été trop rapide pour qu'elle put s'étendre à l'ensemble du monument. Il est bien probable que l'évêque se contenta de

(1) Cf. Orderic Vital. *Historia ecclesiastica*, lib. XIII. Ed. Le Prévost, t. V, p. 41.

(2) Cf. *Gesta Hugonis*, apud Mabillon, *Vetera analecta*, p. 325.

(3) (Ignis) tegmen sacelli beati Juliani adhuc stramineum cum fenestris vitreis concremavit, et macerias et in summis imagines sculptas lapidibus deturbavit. *Ibid.*, p. 325.

(4) Pauco temporis intercidente spatio..... bonæ memoriæ viri multæque religiosæ personæ sexto decimo kalendas novembris Cenomannis convenerunt qui beatissimum patrem nostrum Julianum, ipso die a lignea basilica in occidentali membro ecclesiæ intra macerias facta, post incendium in qua fere triennio requieverat in redivivam solenniter transtulerunt ecclesiam. *Gesta Hugonis*, apud Mabillon, *Vetera analecta*, p. 325.

remettre le chœur en bon état afin de pouvoir y célébrer les offices. Son successeur, Guillaume de Passavant, nommé évêque du Mans en 1143, s'occupa de réparer la nef et le transept. Grâce à une adroite reprise en sous-œuvre, il modifia le style des travées de la cathédrale : les murs calcinés de la nef d'Hildebert disparurent sous un nouveau revêtement, tandis qu'une voûte solide était construite au-dessus du vaisseau central. Les bas-côtés ne subirent aucun changement, mais le transept fut rebâti de fond en comble. Enfin la charpente et les toitures dévorées par le feu furent refaites à neuf. Le lundi 28 avril 1158, Guillaume de Passavant consacra solennellement la cathédrale qu'il venait de restaurer (1). Depuis cette dernière dédicace, la nef est restée dans l'état où elle se trouve encore aujourd'hui. Quant au chœur actuel, nous nous bornerons à rappeler qu'il fut rebâti de 1218 à 1254. Le transept fut de même complètement transformé au XIVe et au XVe siècle.

Après avoir exposé l'histoire des reconstructions successives de la cathédrale, nous croyons devoir donner une description sommaire de la nef et de ses bas-côtés, seule partie de l'édifice dont la date puisse être l'objet d'une discussion archéologique. Le vaisseau central, divisé en dix travées, est recouvert de cinq croisées d'ogive établies sur plan carré et garnies de trois tores accouplés. Ces grandes voûtes, qui s'élèvent en forme de dôme, embrassent chacune deux travées et leurs doubleaux en tiers point sont dépourvus de moulures. Les huit premières travées sont accouplées deux par deux : leurs arcades en tiers point reposent d'un côté sur une colonne isolée et de l'autre sur une pile très épaisse flanquée de huit colonnes qui soutiennent les retombées des

---

(1) Ipse ecclesiam beati Juliani..... multa solemnitate fecit Domino consecrari : ex communi eorum et fratrum suorum consilio instituens quatenus illa die qua facta est illa celebris dedicatio, scilicet die lunæ proxima post Quasimodo geniti. *Gesta Guillelmi*, apud Mabillon, *Vetera analecta*, p. 330.

voûtes de la nef et des collatéraux. Les arcs brisés de chaque travée sont encadrés par des arcs en plein cintre noyés dans la maçonnerie qui indiquent une reprise en sous-œuvre dont nous aurons à expliquer la nature. Au-dessus des grandes arcades se trouve un triforium formé d'une série d'arcatures en plein cintre soutenues par des colonnettes. Ces arcatures sont alternativement aveugles ou percées d'une ouverture qui communique avec le comble des bas-côtés ; leur archivolte est garnie d'un gros tore. Le triforium est surmonté dans l'axe de chacune des croisées d'ogive de deux fenêtres géminées dont l'archivolte en plein cintre s'appuie sur de minces colonnettes. Ces deux baies sont encadrées par les arcs formerets qui renforcent les grandes voûtes de la nef. Les deux travées voisines du transept ne sont pas conçues dans le même style. Leur pilier central se compose d'un massif carré flanqué d'un pilastre et de trois colonnes engagées, tandis que leurs arcades décrivent une courbe en plein cintre. Les chapiteaux de ces deux piles sont garnis d'entrelacs. Quant aux autres chapiteaux de la nef, ils sont revêtus de feuilles d'acanthe habilement découpées et leur sculpture est d'une élégance très remarquable.

Les bas-côtés sont recouverts de voûtes d'arête séparées les unes des autres par des doubleaux en plein cintre qui retombent sur deux colonnes engagées. Leur mur extérieur, entièrement construit en petit appareil, est orné d'une arcature cintrée. Cette arcature repose sur une banquette de pierre : elle est soutenue par des pilastres couronnés d'un simple tailloir. Dans l'axe de chaque travée s'ouvre une fenêtre en plein cintre encadrée par deux colonnettes et par un gros tore. La décoration des chapiteaux est tout à fait différente, suivant qu'ils se trouvent adossés au mur extérieur ou à la nef.

La façade est occupée au centre par une large porte cintrée qui s'appuie sur des pieds droits. Son archivolte se

compose de trois rangs de claveaux taillés en pointe à leur extrémité et dépourvus de moulures. Le tympan est formé de pierres cubiques disposées en échiquier. De chaque côté, une arcature garnie de bâtons rompus se trouve à moitié engagée dans un épais contrefort construit au XIII⁰ siècle. On remarque au milieu de l'archivolte du portail un singulier assemblage de grands lozanges ornés de billettes et de pointes de diamant. Au milieu de cet encadrement, trois bas reliefs représentent un sagittaire, un griffon ailé et un personnage dans un médaillon. Plus haut s'ouvre une grande fenêtre cintrée dont l'archivolte, décorée de zigzags, d'étoiles, de billettes et de tores, est soutenue par six colonnettes. Elle est flanquée d'arcatures romanes qui sont en partie dissimulées derrière les contreforts ajoutés au XIII⁰ siècle pour conjurer les effets de la poussée des travées de la nef. Deux lions informes, en saillie sur la muraille, surmontent le glacis de ces deux contreforts. Au-dessus, des cordons entrecroisés garnis de pointes de diamant, de torsades et de têtes de clous précèdent la corniche. Le pignon, dont le petit appareil est réticulé, doit avoir été surélevé au XV⁰ siècle. A l'extrémité des collatéraux, deux portails cintrés ornés de bâtons brisés, de billettes et de deux rangs de besans unis par un filet, donnent accès dans l'intérieur de la cathédrale. Ils sont surmontés de deux fenêtres de la même forme accompagnées d'une simple moulure.

A l'angle de la façade et du bas-côté nord, une tourelle carrée bâtie en petit appareil est couronnée d'une courte pyramide du XV⁰ siècle. Le mur extérieur de cette partie de l'église est formé d'assises cubiques de grès roussard, mais l'encadrement des fenêtres en plein cintre qui éclairent la galerie latérale se compose de pierres appareillées. Les contreforts ont une épaisseur variable, suivant qu'ils se trouvent au droit de la poussée des grandes voûtes de la nef ou qu'ils occupent une place intermédiaire. Une corniche soutenue par des modillons grimaçants règne à la base de la toiture. On remarque dans l'axe de la neuvième travée une porte en plein cintre bouchée. Le mur extérieur du bas-côté sud offre une disposition analogue. Ses petites assises cubiques ont été presqu'entièrement débarrassées de l'enduit qui les a recouvertes pendant longtemps. En face de la sixième travée, un grand porche carré surmonté d'une voûte à nervures croisées forme une saillie très prononcée sur le mur du collatéral. Ses trois arcades en tiers point accompagnées l'une de larges dents de scie et les deux autres de plusieurs tores, s'appuient sur des pieds droits. Au fond du porche s'ouvre un magnifique portail dont les quatre voussures en cintre légèrement brisé sont soutenues par des colonnettes couronnées de chapiteaux à feuilles d'acanthe. Huit statues adossées à ces colonnes représentent saint Pierre, Salomon, David, deux femmes et quatre autres personnages. Deux figures dont le relief est moins accusé se dressent le long des pieds droits de la porte ornés d'un méandre finement sculpté. Le tympan renferme un Christ bénissant entouré de l'ange, de l'aigle, du bœuf et du lion traditionnels. On aperçoit sur le linteau les figures des douze apôtres et chacune d'elles est encadrée par une petite arcature. La première voussure est garnie d'anges thuriféraires, la seconde est occupée par des statuettes qui représentent les sujets suivants, l'Annonciation, la fuite en Egypte, la présentation de Jésus au temple, l'apparition de l'ange à saint Joseph, les noces de Cana, le baptême du Christ, les bergers gardant leurs troupeaux, l'enfant Jésus dans son berceau, la Nativité. Dans la troisième voussure, il est facile de reconnaître la Visitation, la tentation du Christ dans le désert, le massacre des Innocents, les Mages avertis par l'ange. Enfin la quatrième voussure renferme quelques scènes relatives au massacre des Innocents et aux diverses tentations de Jésus par le diable ainsi que des artisans travaillant à divers métiers et des groupes assez mutilés.

A l'extérieur, la nef présente une série de fenêtres géminées dont l'archivolte en plein cintre est garnie d'un tore et de petits zigzags. La corniche ornée de feuilles de mauve frisée et les arcs-boutants couronnés de pinacles ont été refaits dans le courant du XVe siècle : la balustrade qui règne à la base du toit est complètement moderne. Pour terminer la description des parties de la cathédrale du Mans antérieures au XIIIe siècle, il convient de consacrer quelques lignes au transept. Le croisillon sud dont le mur occidental repose sur des blocs de petit appareil est flanqué d'une tour massive qui s'élève sur un soubassement du XIIe siècle. Entre les contreforts de ce clocher s'ouvre un portail en plein cintre qui s'appuie sur quatre colonnettes ; ses claveaux sont revêtus de deux tores, d'étoiles et de besans. Au-dessus de la porte, un bas-relief représente un cavalier monté sur un lion et plus haut une fenêtre en plein cintre encadrée par des colonnettes, des étoiles et des petits zigzags est percée dans la muraille. A l'intérieur, les quatre piliers de la croisée et quelques fragments de murs sont les seuls débris de l'ancien transept qui fut démoli pour faire place à l'œuvre élégante des architectes du XIVe et du XVe siècle.

Nous avons dit plus haut que la nef de la cathédrale du Mans avait été reconstruite ou restaurée dès le VIe siècle par saint Innocent, au IXe siècle par saint Aldric, vers la fin du XIe siècle par l'évêque Hoël, dans les premières années du XIIe siècle par Hildebert et au milieu de la même période par Guillaume de Passavant. Peut-on reconnaître encore aujourd'hui la trace de ces travaux successifs pour fixer la date des diverses parties de la nef principale et de ses bas-côtés, c'est ce qu'il nous reste à démontrer en conciliant les renseignements fournis par les textes avec les résultats de l'analyse archéologique ?

Après un examen attentif, il nous paraît impossible d'admettre que les murs de la cathédrale renferment encore des fragments antérieurs au XIe siècle. Nous ne sommes pas d'accord sur ce point avec M. l'abbé Persigan dont l'ouvrage aurait offert plus d'intérêt si l'absence de méthode et de critique ne s'y faisait trop souvent sentir. Cet archéologue attribue au IXe siècle la petite tour carrée située à l'angle de la façade et du bas-côté nord. Suivant son opinion, il faut la considérer comme l'un des clochers de la cathédrale bâtie par saint Aldric vers 835 (1), mais il suffit de faire observer qu'elle contient une cage intérieure très étroite complètement remplie par un escalier, pour comprendre sa véritable destination. Quant à son petit appareil, il n'offre pas un caractère assez tranché pour qu'on puisse l'attribuer à une date aussi reculée. Ses assises de grès sont noyées dans le mortier sans aucun ordre ; elles ne sont pas disposées en arête de poisson et ne renferment aucun cordon de briques régulier, comme la plupart des constructions carlovingiennes. Nous croyons que cette tourelle d'escalier fut élevée au XIe siècle pour donner accès dans le comble du bas-côté nord. Il est même probable qu'elle fut restaurée au XVe siècle quand elle reçut son couronnement actuel, car ses murs ont été l'objet de nombreuses réparations. M. l'abbé Persigan fait remonter également au IXe siècle quelques fragments du mur des bas-côtés et certaines sculptures de la façade (2) dont nous aurons l'occasion de discuter la date.

Si l'on ne peut distinguer aucun vestige de l'œuvre de saint Aldric, il est facile de constater que la nef et les bas-côtés n'appartiennent pas à la même époque. Nous attribuons tout d'abord au XIe siècle les arcades en plein cintre des deux dernières travées de la nef formées de cla-

(1) *Recherches sur la cathédrale du Mans*, p. 179.
(2) *Ibid.*, p. 274.

veaux assez minces réunis par des joints très épais. La pile centrale qui supporte leurs retombées présente une disposition très fréquemment adoptée par les architectes de cette époque. Quant à la sculpture de leurs chapiteaux, elle offre également tous les caractères de l'ornementation du XIe siècle : il en est de même de la base des colonnes. C'est la seule partie du vaisseau central qui puisse remonter au temps de l'évêque Hoël, mort en 1097. Au niveau du triforium, le style des deux dernières travées subit un profond changement et porte l'empreinte de l'art élégant du XIIe siècle. Si l'on veut se faire une idée exacte de leurs dispositions primitives, il faut examiner le mur extérieur de la neuvième travée en pénétrant sous le comble du bas-côté méridional. Du côté de la nef, il est garni d'une arcature aveugle soutenue par des colonnettes, mais il a conservé sur son autre face des traces bien apparentes d'un triforium plus ancien dont les arcades cintrées reposaient sur des pilastres. C'est une arcature identique à celle qui décore le soubassement des bas-côtés. Elle offre une analogie très frappante avec le triforium de la chapelle du Sauveur bâtie par l'évêque Gervais (1) au milieu du XIe siècle dans le cloître des chanoines (2). Cette chapelle qui se trouvait adossée au croisillon nord de la cathédrale fut démolie au XVe siècle quand on jeta les fondations du transept actuel, mais deux travées de sa nef, adossées à des maisons voisines, existent encore aujourd'hui. Elles se composent d'arcades en plein cintre qui s'appuient sur des colonnes engagées dans de lourds piliers. On aperçoit plus haut les arcatures cintrées du triforium soutenues par des pilastres et une large fenêtre romane qui n'est pas antérieure au XIIe siècle.

(1) Gervais de Château-du-Loir fut évêque du Mans de 1035 à 1055.
(2) Concedoque vobis illam aulam...... in qua sacratissimam Dei ecclesiam S. Salvatoris antiquitus fundatam reædificavi atque decoravi. Ce passage est extrait d'une charte de donation citée par Dom Beaugendre, *Opera Hildeberti*, notæ, p. LVI.

Ce curieux débris était donc conçu dans le même style que les deux dernières travées de la nef de la cathédrale. Il devient dès lors assez facile de restituer leurs anciennes dispositions, comme on peut s'en rendre compte en examinant notre dessin. Au-dessus du triforium primitif, dont la forme n'est pas douteuse, nous avons placé deux fenêtres en plein cintre dépourvues de colonnettes, en faisant continuer jusqu'à la base de la charpente le pilastre qui est adossé au pilier du XI° siècle du côté de la nef. Ce pilastre ne doit pas être considéré comme le dosseret d'une colonne aujourd'hui disparue, car on ne distingue aucune trace de ravalement sur ses assises. Lorsque Guillaume de Passavant fit remanier la partie supérieure de ces deux travées, le pilastre fut coupé au-dessous du triforium et ses arêtes furent ornées de petits zigzags analogues à ceux des grandes arcades de la nef. Enfin on continua le tailloir du pilier sur la face qui regarde la nef afin de dissimuler la suppression du pilastre. M. l'abbé Persigan n'hésite pas à faire remonter les deux dernières travées de la nef à une époque antérieure à l'épiscopat d'Hoël, en croyant qu'elles supportaient anciennement l'arc qui resta debout au-dessus du tombeau de saint Julien, après l'écroulement du sanctuaire bâti par l'évêque Vulgrin (1). C'est une supposition d'autant plus hasardée que le pilastre en saillie sur la pile du XI° siècle était simplement destiné à soutenir un entrait de la charpente primitive. En outre, comme Hoël refit le mur extérieur des bas-côtés et termina le transept, on ne peut manquer de lui attribuer également les deux dernières travées de la nef, puisque Vulgrin et Arnaud s'étaient contentés d'élever le chœur sans achever la construction du transept.

M. Viollet-le-Duc (2) et M. de Dion (3) ont admis qu'au

(1) *Recherches sur la cathédrale du Mans*, p. 209 et 275.
(2) *Dictionnaire d'architecture*, t. II, p. 355.
(3) *La nef de la cathédrale du Mans*, article inséré dans le *Bulletin monumental*, t. XXXIX, année 1873, p. 486.

XIᵉ siècle la nef de la cathédrale du Mans se composait de dix travées semblables à celles dont nous venons d'expliquer la restitution. Nous ne pouvons partager leur opinion sur ce point. En effet, si Vulgrin ou ses deux successeurs, Arnaud et Hoël, avaient entrepris de rebâtir la nef de fond en comble, les chroniqueurs qui nous ont transmis des renseignements très détaillés sur la nature des travaux accomplis par chacun de ces évêques n'auraient pas manqué de mentionner un fait aussi important. Ce qui prouve que la nef n'était pas dans toute la fraîcheur de sa construction au moment de la mort d'Hoël, en 1097, c'est qu'Hildebert reconnut la nécessité de renouveler presque toutes ses travées vingt ans plus tard. M. de Dion, ayant négligé d'étudier les sources de l'histoire du monument suppose que la nef bâtie par Hoël fut anéantie par le feu à la fin du XIᵉ siècle (1), mais comme aucun texte ne nous a conservé le souvenir d'un incendie de la cathédrale à cette époque, il est impossible de raisonner sur une pareille hypothèse. A notre avis les deux dernières travées furent seules élevées au XIᵉ siècle. Si l'évêque Hoël avait eu le temps de faire disparaître la nef primitive de saint Aldric, il est certain que toutes les piles auraient présenté un plan analogue à celui du pilier voisin du transept au lieu d'être formées de colonnes isolées alternant avec des massifs cantonnés de gros fûts suivant la disposition adoptée au XIᵉ siècle par les architectes des églises de Jumièges, du prieuré de Saint-Denis à Nogent-le-Rotrou (2) et de Notre-Dame du Pré au Mans (3).

(1) *Bulletin monumental*, t. XXXIX, année 1873, p. 487.
(2) Cet édifice est presqu'entièrement ruiné, mais le déambulatoire et la dernière travée de la nef sont encore à peu près intacts.
(3) Dans cette église, le pilier voisin du transept présente un plan identique à celui qui occupe le même emplacement dans la cathédrale.

On ne peut donc attribuer à Hoël que quatre arcades et deux piliers de la nef de la cathédrale, mais il prit une part beaucoup plus importante à l'achèvement des bas-côtés (1). Les voûtes d'arête des collatéraux, leurs doubleaux en plein cintre, leur arcature conçue dans le même style que le triforium de la chapelle du Sauveur consacrée vers 1050 et le style des chapiteaux de leurs colonnes engagées, s'accordent avec le texte précis qui les concerne pour faire remonter leur construction à la seconde moitié du XIe siècle. M. de Dion incline à penser que les murs extérieurs des bas-côtés pourraient aussi bien appartenir à l'époque de saint Aldric (2), et M. l'abbé Persigan signale dans leur soubassement des fragments antérieurs au XIe siècle (3). Ils en concluent que la largeur du vaisseau central et celle des galeries latérales n'ont pas varié depuis le IXe siècle. Le nombre des travées et la hauteur de la nef n'auraient également subi aucun changement. Cette opinion leur a sans doute été suggérée par une théorie chère à plusieurs archéologues qui considèrent tous les murs bâtis en petit appareil comme des constructions mérovingiennes ou carlovingiennes. Or il est facile de prouver que l'usage du petit appareil ne fut pas abandonné par les architectes du XIe siècle. Plusieurs églises du Beauvaisis, notamment celles de Montmille, de Tillé et de Bresles, construites en petit appareil, ne peuvent être antérieures à cette époque. En effet, leur façade reproduit celle de la Basse-Œuvre de Beauvais, dont la dédicace eut lieu à la fin du Xe siècle. La même observation s'applique à certaines parties des églises de Sainte-Mesme de Chinon, de Langeais, de Rivière, de Saint-Laurent, d'Azay-le-Rideau et de Chanceaux (Indre-et-Loire), qui sont contemporaines de la première moitié du XIe siècle, bien que

---

(1) Exteriores etiam parietes, quos alas vocant, per circuitum consummavit. *Gesta Hoëlli* apud Mabillon, *Vetera analecta*, p. 309.

(2) *Bulletin monumental*, t. XXXIX, année 1873, p. 498.

(3) *Recherches sur la cathédrale du Mans*, p. 274.

leurs assises cubiques soient de très petites dimensions. La persistance des traditions gallo-romaines et la nécessité d'employer les matériaux des carrières voisines suffisent à expliquer la raison de l'usage tardif de ce genre d'appareil. Jusqu'au XIIe siècle, les architectes de la cathédrale du Mans se sont contentés d'exploiter les bancs de grès roussard qui avaient été utilisés par les constructeurs de l'enceinte gallo-romaine, mais leurs successeurs n'hésitèrent pas à faire venir de Bernay et de Soulitré des matériaux de meilleure qualité. C'est ainsi que l'œuvre de Hoël se distingue de celle d'Hildebert et de Guillaume de Passavant dont il nous reste à déterminer les principaux caractères.

Si l'on examine l'élévation des huit premières travées de la cathédrale du Mans, il est facile d'apercevoir, au-dessus de chacune des grandes arcades, un arc en plein cintre noyé dans la maçonnerie. Au premier abord, on pourrait croire que ces arcs démontrent l'existence d'une nef entièrement reconstruite par Hoël au XIe siècle. Mais une étude plus attentive permet de constater que leur ouverture ne correspond pas à celle des arcades cintrées voisines du transept. En effet, la clef de ces deux arcs se trouve à 0^m 30 environ au-dessous du bandeau du triforium tandis que le sommet de la courbe des autres arcs est tangent au même point. En outre, les uns se composent de claveaux longs et étroits réunis par de gros joints et les autres sont formés de pierres plus larges appareillées avec précision. Enfin les arcades des deux dernières travées sont séparées par une distance de 0^m 60 au niveau de leur retombée sur la pile centrale, et les arcs en plein cintre dont nous avons signalé l'existence dans les autres travées de la nef se coupent à leur point de départ commun. Ils ne faisaient donc point partie d'une ordonnance identique. Nous les considérons comme les derniers débris apparents de la nef bâtie par Hildebert qui fut profondément remaniée par Guillaume de Passavant, après les incendies de 1134 et de 1137.

Les travaux entrepris par le moine Jean étaient terminés en 1120. Cette date suffit à expliquer l'usage exclusif de l'arc en plein cintre dans les huit travées de la nef d'Hildebert dont nous avons essayé de faire la restitution en nous appuyant sur les observations suivantes. Il est évident que la grande arcade de chaque travée était formée d'un double rang de claveaux, selon l'usage généralement adopté à cette époque. L'architecte chargé d'établir des voûtes au-dessus du vaisseau central sous l'épiscopat de Guillaume de Passavant, fit disparaître l'arc inférieur en modifiant la courbe des grandes arcades. Or la faible épaisseur de ces deux arcs superposés, au niveau de leur retombée, nous fait supposer que leurs claveaux s'appuyaient sur des colonnes isolées, au lieu d'être soutenus par des piles cantonnées de colonnettes. Il en résulte que la nef d'Hildebert ne pouvait pas être voûtée, car la disposition de ses travées ne lui permettait pas de recevoir une série de croisées d'ogive et sa largeur rendait impossible la construction d'une voûte en berceau. Les fûts de ses colonnes étaient appareillés comme ceux de l'église de Notre-Dame du Pré : leurs chapiteaux devaient être garnis de larges feuilles peu découpées. Au-dessus des grandes arcades, un triforium en plein cintre se continuait sans interruption, mais sa véritable forme nous est inconnue. Comme les grandes arcades étaient certainement dépourvues de moulures, nous avons supposé que les arcatures du triforium n'offraient aucun genre de décoration. Quant à la disposition de ses colonnettes et de ses ouvertures, nous l'avons empruntée à celle du triforium de Notre-Dame du Pré, remanié au commencement du XII° siècle. La partie supérieure de la nef était éclairée par des fenêtres cintrées qui s'ouvraient dans l'axe de chaque travée. Leur archivolte devait s'appuyer sur deux colonnettes, comme celle des baies percées dans le mur extérieur des bas-côtés. L'appareil de toute cette construction ressemblait beaucoup à celui de la façade et ses assises atteignaient de faibles dimensions.

Si la restitution que nous proposons n'est pas absolument certaine en ce qui concerne la forme du triforium de la nef d'Hildebert, elle a du moins le mérite d'être conçue dans une grande unité de style. A notre avis, l'œuvre du frère Jean n'est plus représentée dans la nef actuelle que par les arcs en plein cintre déjà signalés et par quelques fragments du mur extérieur. M. l'abbé Persigan admet au contraire que les colonnes isolées et toute la partie supérieure des travées sont contemporaines de l'épiscopat d'Hildebert (1). M. de Dion partage la même opinion. Il suppose qu'à cette époque le triforium actuel formait une arcature continue au-dessus des grandes arcades et que la nef était éclairée par de larges fenêtres géminées (2). Guillaume de Passavant se serait contenté de construire les voûtes et les grosses piles destinées à les soutenir en coupant le triforium par un faisceau de trois colonnes qui reçoit la retombée des nervures et des doubleaux. Il est facile de démontrer l'inexactitude de cette théorie en s'appuyant sur les raisons suivantes. Nous ferons tout d'abord observer que le style des chapiteaux qui couronnent les piles et les colonnes isolées est absolument identique. Il en est de même de leurs bases et de leurs tailloirs, ce qui ne permet pas d'attribuer les piliers des huit premières travées de la nef à deux périodes distinctes du XIIe siècle. En outre, si le triforium actuel régnait sans interruption avant la construction des grosses piles, les trois colonnes engagées qui le coupent aujourd'hui au droit de chaque doubleau devraient occuper le même espace qu'une ou deux arcatures du triforium. Or la largeur du groupe de ces trois

---

(1) *Recherches sur la cathédrale du Mans*, p. 89. M. l'abbé Persigan attribue même les piliers cantonnés de colonnettes à l'époque d'Hildebert.

(2) *Bulletin monumental*, t. XXXIX, année 1873, p. 489.

colonnes est de 1ᵐ 53 et chaque arcature du triforium mesure seulement 1ᵐ 06 entre ses deux colonnettes. Il en résulte que le triforium actuel n'a jamais dû former une galerie continue, puisque toutes ses arcatures n'auraient pas eu la même largeur. Quant aux fenêtres géminées de la nef, elles ne sont pas antérieures à la construction des voûtes. En effet, comme la nef bâtie par Hildebert était recouverte d'un lambris, elle devait être éclairée par des baies régulièrement espacées qui se trouvaient dans l'axe de chacune de ses travées. Les architectes du moyen âge n'avaient pas l'habitude d'ouvrir des fenêtres géminées dans les églises non voûtées, car cette disposition était inutile et laissait une grande surface de mur plein entre chaque groupe de baies accouplées. Enfin les fenêtres hautes de la nef remplissent exactement tout l'espace encadré par les arcs formerets. Cette coïncidence indique bien que leurs dimensions ont été calculées par l'architecte chargé de construire les voûtes du vaisseau central.

Les objections que nous venons d'opposer aux archéologues qui croient pouvoir restituer les travées de la nef d'Hildebert en utilisant le triforium et les fenêtres de la nef actuelle, paraîtront encore plus décisives, si nous les appuyons sur un fait historique très important. La nef consacrée par Hildebert en 1120 eut à subir deux incendies consécutifs en 1134 et en 1137. Sa charpente fut entièrement consumée ainsi qu'une toiture provisoire en chaume établie après le premier sinistre. Il est donc impossible d'admettre que ses travées n'aient pas été gravement endommagées par le feu. Comme le triforium et les baies de la nef actuelle ne portent aucune trace de calcination, il faut bien admettre que toute la partie supérieure des travées dut être reconstruite postérieurement à l'année 1137. En pénétrant sous la toiture du bas-côté nord, on remarque de loin en loin, sur la face extérieure du mur de la nef, des parements effrités d'un ton rougeâtre qui semblent avoir subi l'action d'un violent incendie. Ce sont les derniers débris de la nef d'Hildebert, dissimulés d'un côté par la charpente du collatéral, de l'autre par le triforium qui surmonte les grandes arcades.

Si la nef de la cathédrale ne conserve que quelques fragments de l'œuvre d'Hildebert, il n'en est pas de même de la façade dont la plus grande partie doit lui être attribuée. Les portails latéraux sont conçus dans le style en usage au début du XIIe siècle, et leur archivolte garnie de bâtons brisés, repose sur des chapiteaux ornés de feuilles d'acanthe. On pourrait être tenté de faire remonter le portail central, dépourvu de colonnettes et de moulures, à une époque plus ancienne, mais comme les deux arcatures dont il est flanqué offrent une décoration semblable à celles des portes latérales, sa construction doit être contemporaine de la partie inférieure de la façade, où l'on ne remarque aucune trace de raccords, sauf dans le voisinage des deux contreforts ajoutés au XIIIe siècle. Du reste, les figures qui surmontent l'archivolte du portail principal peuvent servir à en déterminer la date. Sans nous arrêter à réfuter l'opinion de M. l'abbé Persigan qui les fait remonter au IXe siècle (1), nous ferons simplement remarquer l'analogie qu'elles présentent avec les bas-reliefs placés au sommet des piliers de la nef dans la cathédrale de Bayeux (2). Comme les grandes arcades de cet édifice ne peuvent être antérieures au commencement du XIIe siècle, aucune raison archéologique ne permet d'attribuer le portail central de la cathédrale du Mans à une époque plus ancienne. Les cordons de billettes qui accompagnent les trois portes ne peuvent fournir une preuve suffisante pour les dater du XIe siècle, ce genre d'ornements se trouvant encore employé au XIIe siècle dans tout l'ouest de la France. La grande fenêtre centrale de la façade

---

(1) *Recherches sur la cathédrale du Mans*, p. 274.
(2) Cf. *L'architecture normande aux XIe et XIIe siècles en Normandie et en Angleterre*, par M. Ruprich-Robert, pl. CLVIII et CLXII.

porte l'empreinte d'un art beaucoup plus avancé. Les moulures de son archivolte et les chapiteaux de ses colonnettes offrent tous les caractères de l'ornementation de la seconde moitié du XII⁰ siècle. Il est probable que la baie primitive percée dans l'axe de la façade était beaucoup plus étroite, puisqu'elle fut remplacée par la fenêtre actuelle à l'époque où Guillaume de Passavant entreprit de voûter la nef. Le pignon fut évidemment construit en même temps que le grand portail, car son appareil est formé d'assises taillées en lozange qui forment une décoration analogue à celle du tympan. Pour restituer la façade dans son état primitif, il suffirait de supprimer les deux épais contreforts dont elle est flanquée et de réduire les dimensions de la fenêtre centrale, en simplifiant son ornementation. La hauteur du pignon surélevé au XVe siècle, devrait également être diminuée.

En attribuant à Hildebert la construction de la façade actuelle de la cathédrale du Mans, à l'exception des contreforts et de la grande baie qui surmonte la porte principale, nous nous trouvons en désaccord avec M. l'abbé Persigan (1) et M. de Dion (2) qui font remonter au XIe siècle le portail central et le pignon, sans se prononcer sur la question de la date des autres parties de la façade. Pour justifier cette opinion, il faudrait prouver que les évêques Vulgrin et Arnaud, ou leur successeur Hoël, entreprirent la reconstruction de la nef et de la façade au XIe siècle. Nous avons dit plus haut que les chroniques n'en faisaient aucune mention. C'est peut-être l'appareil réticulé du tympan et du pignon qui a décidé M. l'abbé Persigan à dater du XIe siècle la partie centrale de la façade. Il est certain que ce genre d'appareil fut usité avant le XIIe siècle, car les façades des églises de Sainte-Mesme de Chinon et d'Azay-le-Rideau (Indre-et-Loire) en offrent des exemples

---

(1) *Recherches sur la cathédrale du Mans*, p. 184 et 275.
(2) *Bulletin monumental*, t. XXXIX, année 1873, p. 486.

authentiques du XIe siècle, mais elles étaient entièrement construites en petit appareil, tandis que la façade de la cathédrale du Mans se compose d'assises soigneusement assemblées. Du reste, l'appareil réticulé fut employé pour décorer les pignons pendant la première moitié du XIIe siècle, comme on peut le constater en examinant le pignon de l'église de Bourgueil, en Touraine, qui ne peut être antérieur à cette époque, si l'on en juge par le style du portail de sa façade.

La violence des incendies de 1134 et de 1137 fit subir une terrible épreuve aux constructions élevées par Hildebert. C'est ce qui explique pourquoi nous n'avons pu en signaler que des débris peu importants dans la nef et dans la façade. Quand Guillaume de Passavant entreprit de restaurer le vaisseau central de la cathédrale, ses murs calcinés avaient conservé leur solidité, mais leurs parements étaient effrités et toutes les sculptures des chapiteaux devaient être gravement endommagées. L'architecte chargé de diriger les travaux résolut d'abord de voûter la nef pour la mettre à l'abri d'un nouveau sinistre. En effet, l'époque où les grandes voûtes furent établies ne peut faire l'objet d'aucun doute. Elles sont certainement antérieures à l'année 1158, date d'une nouvelle dédicace de l'édifice, et postérieures à l'incendie de 1137 qui consuma la toiture provisoire en chaume de la nef. Du reste l'analogie qui existe entre les voûtes de la nef de la cathédrale du Mans et celles de la cathédrale d'Angers, bâtie vers 1150, suffirait à prouver qu'elles remontent au milieu du XIIe siècle. Elles embrassent deux travées suivant le système adopté dans les grandes églises de l'Ile-de-France à la même époque et le profil de leurs nervures rappelle celui des croisées d'ogive du porche de l'abbaye de Saint-Denis, terminé en 1140. Quant au faisceau de colonnes qui les supporte, il est certainement contemporain du temps de leur construction.

Il nous reste à démontrer, contrairement à l'avis de

M. l'abbé Persigan (1) et de M. de Dion (2), que les huit premières travées de la cathédrale appartiennent dans leur ensemble à l'époque de Guillaume de Passavant, à l'exception des arcs en plein cintre qui encadrent chacune des grandes arcades, seuls restes de l'œuvre d'Hildebert. En examinant l'élévation de ces travées, on ne peut s'empêcher d'être frappé de l'unité de leur style. Les chapiteaux des colonnes isolées et des piles intermédiaires, ceux du triforium et des fenêtres géminées sont garnis de feuilles d'acanthe du même genre. Le tore appliqué sur les grandes arcades en tiers point et l'ornement en zigzags qui l'accompagne se trouvent reproduits sur les claveaux du triforium et des baies supérieures : les bases des grosses colonnes et des colonnettes sont taillées suivant le même profil. Enfin il est évident que les fenêtres géminées sont contemporaines de la construction des voûtes, car elles occupent exactement l'espace encadré par les arcs formerets, dont les moulures sont semblables à celles de leur archivolte. L'architecte qui fut chargé de voûter la nef de l'église de la Couture du Mans, vers 1150, disposa les fenêtres hautes de la même manière et leur donna une forme identique. Les caractères archéologiques que nous venons de faire ressortir permettent d'attribuer dans leur ensemble les huit premières travées de la cathédrale au milieu du XIIe siècle. On refit à la même époque l'étage supérieur des deux travées voisines du transept, en conservant leurs grandes arcades du XIe siècle qui sont encore intactes aujourd'hui.

Pour donner à la nef ses dispositions actuelles, l'architecte de Guillaume de Passavant ne jugea pas indispensable de la reconstruire de fond en comble. Il résolut d'utiliser une partie des anciens murs en dissimulant leurs assises sous un nouveau revêtement. Après avoir supprimé le pre-

(1) *Recherches sur la cathédrale du Mans*, p. 89 et 275.
(2) *Bulletin monumental*, t. XXXIX, année 1873, p. 489 et 492.

mier rang de claveaux des arcades en plein cintre de la nef, il le remplaça par un arc brisé dont l'ouverture plus étroite lui donnait assez d'espace pour établir les piles destinées à soutenir les nervures de la voûte. L'emploi de l'arc en tiers-point lui fut donc imposé par une véritable nécessité de construction, puisqu'il conservait l'arc supérieur des anciennes travées. Les gros piliers furent élevés autour de huit colonnes isolées de la nef d'Hildebert, afin de correspondre à la retombée des quatre croisées d'ogive du vaisseau central, qui embrassent deux travées consécutives. En les démolissant, on retrouverait sans doute au centre de chacun d'eux le noyau d'une colonne, car leur section est trois fois plus large que le diamètre de l'ancien fût. L'architecte se décida à remplacer les huit colonnes intermédiaires pour mettre ensuite leur style en harmonie avec celui des piliers. Il fit ainsi disparaître les seize colonnes de la nef d'Hildebert : les unes se trouvèrent noyées dans l'intérieur des piles, et les autres furent complètement renouvelées. Ce qui le prouve, c'est que l'ornementation des chapiteaux de toutes les colonnes isolées est identique à celle des colonnes engagées dans les piliers. Ces chapiteaux, sculptés avec une rare perfection, offrent une grande ressemblance avec ceux du chœur de l'église de Saint-Germain-des-Prés à Paris, consacré en 1163. Les sculpteurs contemporains des premières années du XIIe siècle n'auraient pas été assez habiles pour découper des feuilles d'acanthe aussi bien fouillées.

M. de Dion et M. l'abbé Persigan, qui considèrent les colonnes isolées comme celles de la nef d'Hildebert, ont pu être induits en erreur par l'apparence assez fruste de quelques chapiteaux mais il est facile de reconnaître que leur corbeille est simplement ébauchée et qu'elle porte l'empreinte d'un travail préparatoire destiné à dégager les feuillages de la masse avant de sculpter tous les détails. Cette particularité est surtout visible du côté méridional de la nef, mais si ces chapiteaux étaient terminés, ils seraient semblables aux autres. Nous avons observé un fait analogue dans le déambulatoire de l'église de Saint-Martin-d'Étampes, bâti vers le milieu du XIIe siècle. Il faut en conclure que les artistes du moyen âge ne terminaient pas toujours leurs chapiteaux sur le chantier et qu'ils se contentaient quelquefois de les dégrossir avant de les mettre en place. L'importance de la reprise en sous-œuvre que nous venons d'expliquer nous amène à rechercher pourquoi l'architecte crut devoir l'entreprendre, puisqu'il était décidé à remplacer également le triforium et les fenêtres de la nef d'Hildebert. Pour justifier l'utilité d'un pareil travail, il convient de faire observer que le mur contre lequel s'appuie le triforium actuel appartient en grande partie au temps d'Hildebert, comme le prouvent les assises de sa face extérieure qui portent encore la trace des incendies de 1134 et de 1137. L'arcature visible aujourd'hui au-dessus des grandes arcades est un véritable placage appliqué sur un mur plus ancien. On comprend dès lors comment l'architecte put avoir intérêt à conserver une masse de maçonnerie appartenant à une époque antérieure, car il avait l'intention de la dissimuler sous de nouveaux parements. Quant à l'étage supérieur des fenêtres, il jugea nécessaire de le refaire en entier, parce que sa construction était liée intimement à celle des voûtes.

Si certains archéologues n'ont pas cru devoir attribuer le triforium et les fenêtres de la nef à la même date que les arcs brisés des travées, c'est qu'il leur paraissait impossible de considérer une arcade en tiers point comme contemporaine d'arcatures ou de baies en plein cintre. Cet emploi simultané des deux formes d'arcs s'explique tout naturellement par la nécessité du rétrécissement de l'ouverture des travées dont nous avons expliqué le motif. D'ailleurs, une pareille alternance ne présente aucun caractère exceptionnel, car on peut la remarquer dans un grand nombre d'édifices religieux bâtis vers le milieu du XIIe siècle. Les églises de Saint-Germer (Oise), de Chars (Seine-et-Oise) et de Lillers

(Pas-de-Calais) possèdent des tribunes en plein cintre placées directement au-dessus des arcades en tiers point qui soutiennent les travées. On observe une disposition analogue dans la nef de l'église ruinée de saint Evremont de Creil (Oise) et à l'intérieur des églises d'Hénin-Liétard (Pas-de-Calais) et de Gamaches (Somme). Dans ces trois édifices, le triforium est formé de deux baies géminées en tiers point encadrées par une arcade cintrée. D'un autre côté, si l'on voulait énumérer toutes les églises du XIIe siècle ou l'on rencontre des fenêtres en plein cintre éclairant des nefs dont les grands arcs sont brisés, il faudrait citer la plupart des monuments religieux de l'Ile-de-France et de la Picardie construits entre les années 1130 et 1170 environ. Le mélange des deux formes d'arcs pendant cette période est continuel et c'est une grande erreur de croire qu'il résulte presque toujours de remaniements postérieurs. Du reste, comme l'arc en tiers point apparut en dernier lieu dans les fenêtres et dans les arcatures, il n'y a pas lieu d'être surpris que l'architecte de Guillaume de Passavant ait fait encore usage de l'arc en plein cintre dans l'étage supérieur des travées, au milieu du XIIe siècle.

Les travaux qui doivent être attribués au même constructeur comprennent également certaines parties du transept, la fenêtre centrale de la façade et le grand portail méridional. Les piliers de la croisée ne peuvent appartenir à l'époque d'Hildebert, comme le prétend M. l'abbé Persigan (1), leurs bases offrant un profil identique à celles des colonnes de la nef contemporaines de l'épiscopat de Guillaume de Passavant. D'ailleurs, la date de 1145, signalée par M. Hucher sur le pilier sud-est du carré du transept (2), suffirait pour dissiper tous les doutes à cet égard. Il est intéressant de faire observer que les bases de ces quatre piles sont placées

---

(1) *Recherches sur la cathédrale du Mans*, p. 91
(2) *Bulletin monumental*, t. XXVI, année 1860, p. 685.

à un mètre au-dessus de celles des colonnes de la nef. On doit en conclure que cette partie de l'église était élevée sur une crypte qui fut détruite au XIIIe siècle pour faciliter la reconstruction du sanctuaire. Dans le croisillon sud, le soubassement extérieur du mur occidental, bâti en petit appareil, appartient sans aucun doute au XIe siècle comme les bas côtés, mais la tour élevée à l'extrémité de ce bras du transept est loin d'être aussi ancienne. Sa base massive ne peut-être antérieure au second tiers du XIIe siècle, comme le prouvent les caractères archéologiques du portail et de la fenêtre qui s'ouvrent entre ses contreforts. Leurs archivoltes sont ornées des mêmes moulures que le triforium et les fenêtres hautes de la nef. Il est donc évident qu'on doit les attribuer à la même date, ainsi que la fenêtre percée dans l'axe de la façade, dont le style porte l'empreinte d'un art identique.

Nous ne pouvons partager l'opinion de M. l'abbé Persigan qui n'hésite pas à faire remonter le portail méridional au XIIe siècle en s'efforçant d'expliquer le symbolisme de ses bas-reliefs à l'aide des sermons d'Hildebert (1). A notre avis, cette porte n'existait pas avant l'épiscopat de Guillaume de Passavant. Ce qui le prouve, c'est que ses sculptures offrent une analogie frappante avec celles des trois portails principaux de la cathédrale de Chartres terminés vers le milieu du XIIe siècle. Du reste, si elle était antérieure à la dédicace de 1120, son archivolte ne décrirait pas une courbe en tiers point, l'architecte d'Hildebert ayant fait constamment usage de l'arc en plein cintre dans toutes ses constructions. Les bases des colonnes et les feuillages des chapiteaux peuvent également fournir des arguments en faveur de la date que nous proposons, car tous ces détails d'ornementation sont semblables à ceux des piliers de la nef. Enfin le costume des soldats qui figurent dans les scènes du massacre

(1) *Recherches sur la cathédrale du Mans*, p. 89 et 191.

des Innocents sculptées sur les deux dernières voussures permet d'attribuer fort exactement le portail méridional à une époque voisine de la dédicace de 1158. Ces guerriers sont revêtus d'une longue cotte de mailles et leur figure est encadrée par un capuchon qui fait corps avec le haubert : leur main soutient un écu très allongé. Le costume militaire que nous venons de décrire n'ayant été adopté qu'après la seconde croisade, vers 1150 (1), les sculptures de l'archivolte ne peuvent remonter à la première moitié du XIIe siècle. Quant au porche qui précède le portail, il fut sans doute élevé par les mêmes ouvriers. Ses trois arcades en tiers point et sa voûte sur croisée d'ogive, dont les nervures sont semblables à celles de la nef, nous donnent une véritable certitude à cet égard. M. de Dion lui assigne une date plus ancienne (2), mais son opinion est contredite par les caractères archéologiques de cette légère construction.

En résumé, la nef et les bas-côtés de la cathédrale du Mans appartiennent à trois époques bien différentes. Nous attribuons à Hoël (1085-1097) les arcades des deux dernières travées (3) et les deux collatéraux. L'œuvre d'Hildebert (1097-1125) ne comprend plus actuellement, à notre avis, que les arcs en plein cintre engagés dans les travées de la nef et la façade, à l'exception de la fenêtre centrale. Les arcades, les piles, les colonnes et les voûtes de la nef doivent être attribuées aux seize premières années (4) de l'épiscopat de

---

(1) Cf. Viollet le Duc. *Dictionnaire du mobilier français*, t. V, p. 77.

(2) *Bulletin monumental*, t. XXXIX, année 1873. Voir le plan placé à la p. 186.

(3) M. Parker a prétendu que ces arcs en plein cintre devaient remonter à l'époque de Guillaume de Passavant et que les autres travées de la nef n'étaient pas antérieures aux dernières années du XIIe siècle. Son opinion nous a paru trop facile à réfuter pour valoir la peine d'être discutée. Cf. *Bulletin monumental*, année 1863, p. 867 et année 1864, p. 185.

(4) En effet, la dédicace du 28 avril 1158 dût marquer l'achèvement des travaux entrepris par Guillaume de Passavant.

Guillaume de Passavant (1142-1186). Il en est de même du triforium, des fenêtres hautes, des piles de la croisée, du soubassement de la tour et du grand portail méridional. Si nous avons réussi à préciser la date de toutes les parties de la cathédrale antérieures au XIII° siècle, en rectifiant les erreurs commises à ce sujet, nous ne regretterons pas d'avoir engagé une nouvelle discussion archéologique sur un édifice aussi intéressant à étudier.

Mamers. — Typ. G. Fleury et A. Dangin. — 1889.

CATHÉDRALE DU MANS
État actuel de deux travées de la nef.

CATHÉDRALE DU MANS
Restitution des deux dernières travées de la nef au XIe Siècle

CATHÉDRALE DU MANS
Restitution de deux travées de la nef au commencement du XII° Siècle

www.ingramcontent.com/pod-product-compliance
Lightning Source LLC
Chambersburg PA
CBHW061003050426
42453CB00009B/1230